Per a en Ralph

Publicat per acord amb Walker Books Ltd,
87 Vauxhall Walk, Londres, SE11 5HJ, Regne Unit

Títol original: A NEW HOUSE FOR MOUSE

EDITORIAL JUVENTUD, S. A.
Provença, 101 - 08029 Barcelona
info@editorialjuventud.es
www.editorialjuventud.es

Traducció: Teresa Farran i Vert

Primera edició, setembre del 2007
Segona edició, setembre del 2015
Tercera edició, setembre del 2018

ISBN: 978-84-261-3635-0

Núm. d'edició d' E. J. : 13.659
Printed in China

UNA CASA A LA MIDA

Petr Horáček

EDITORIAL JOVENTUT

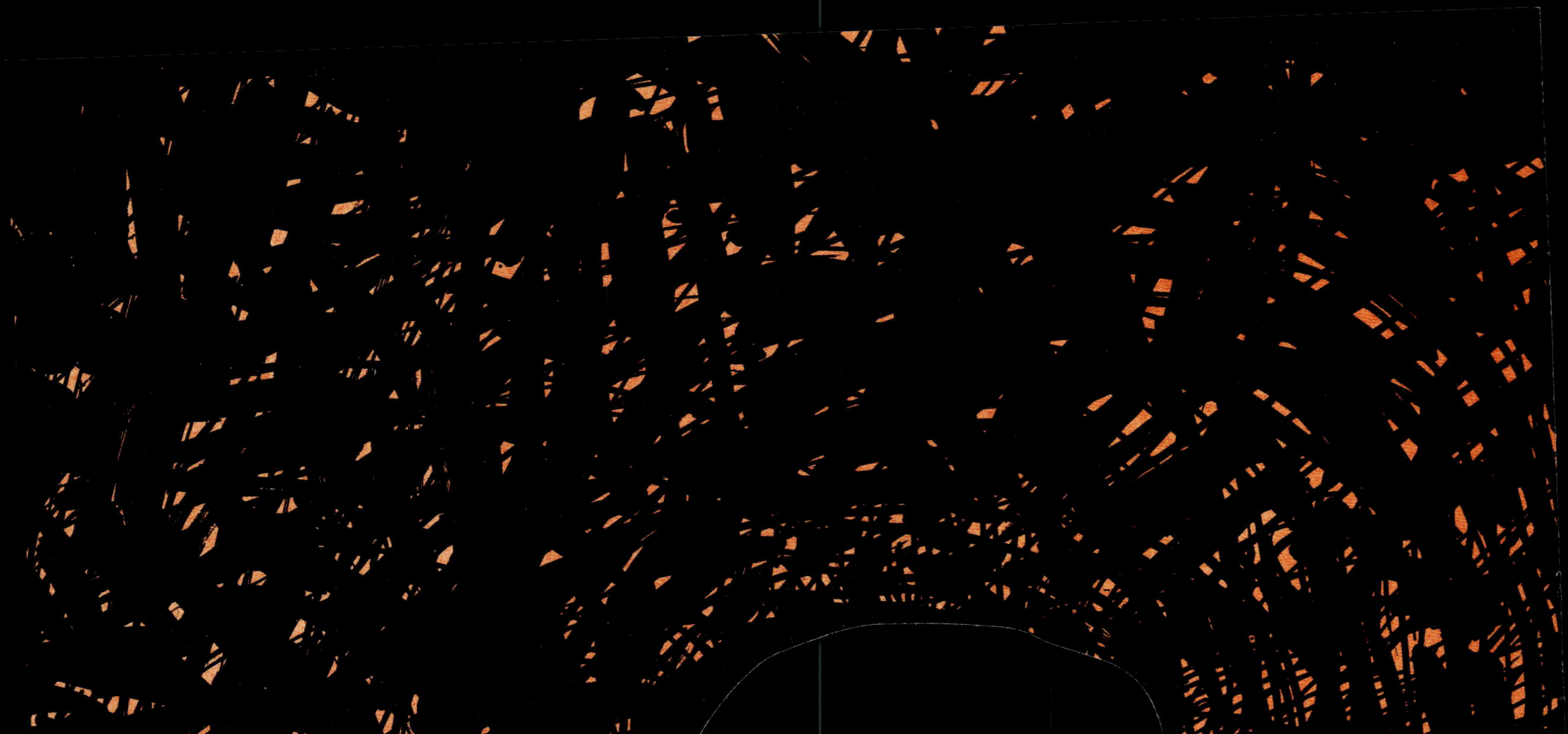

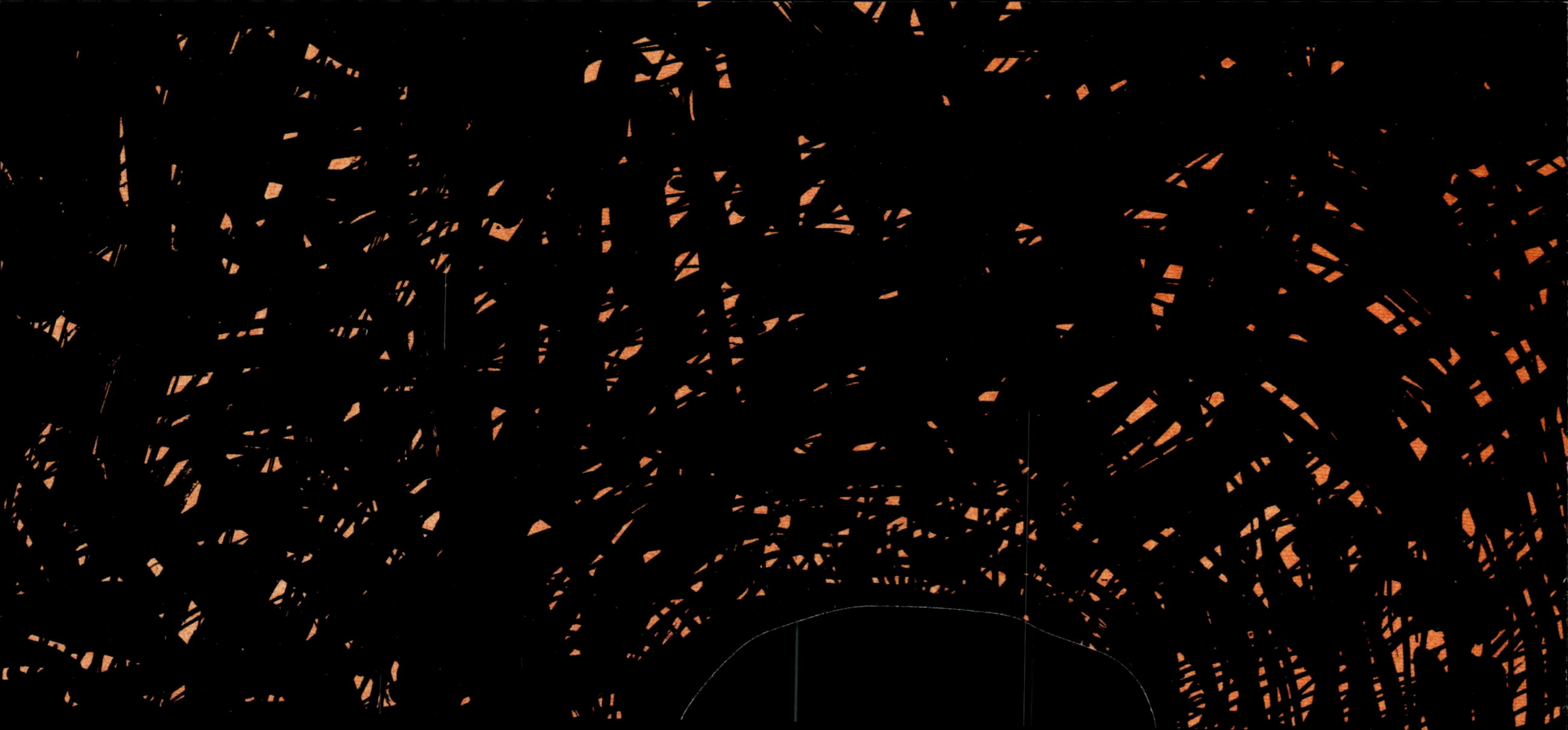

«Buscar casa fa venir gana»,
va dir el Ratolí, i li va clavar unes
quantes mossegades a la poma. Després va veure un forat
que era just una mica més gran que el seu.
«Aquí sí que hi entraria», va dir.
I va mirar a dins.

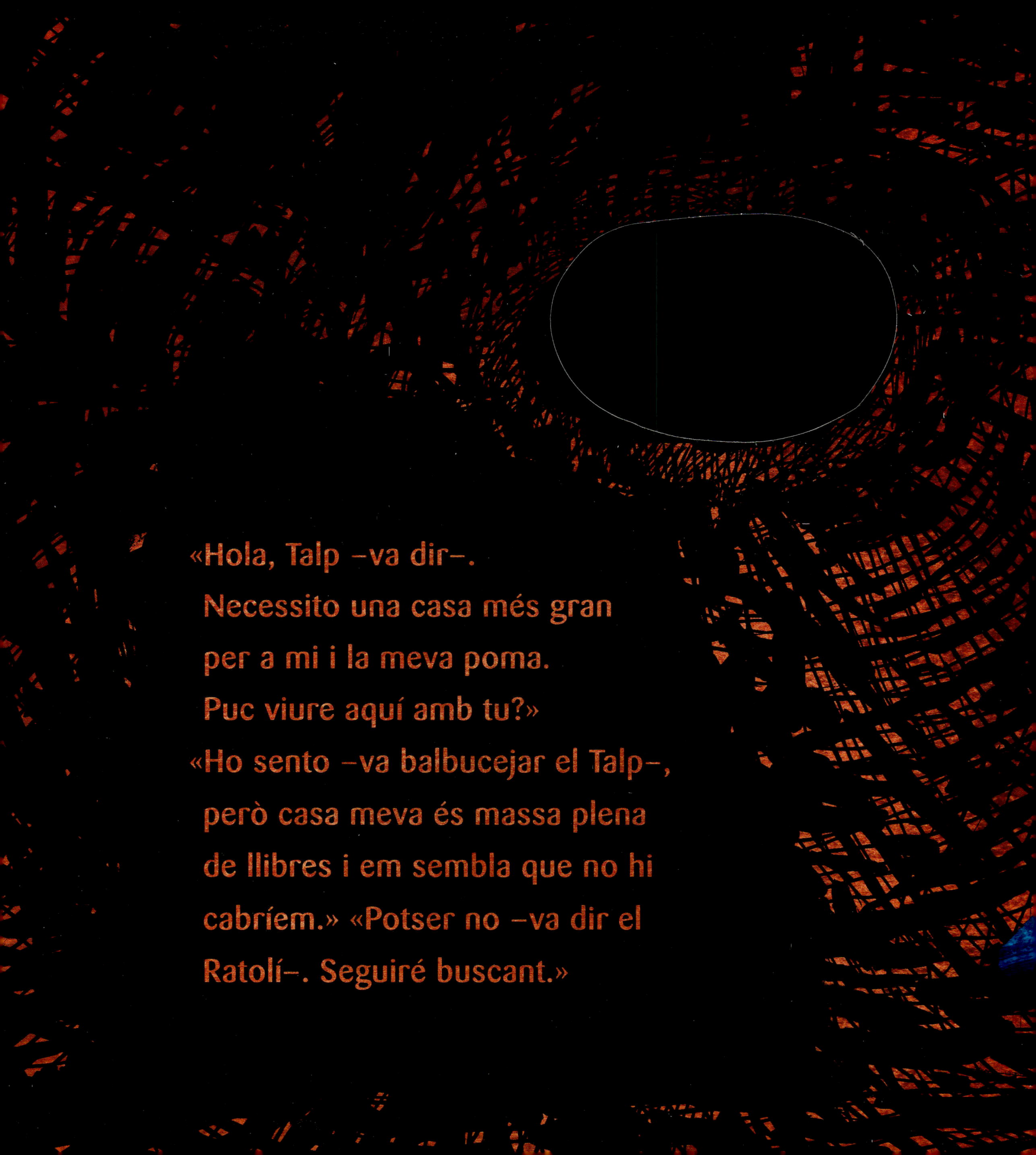

«Hola, Talp –va dir–. Necessito una casa més gran per a mi i la meva poma. Puc viure aquí amb tu?» «Ho sento –va balbucejar el Talp–, però casa meva és massa plena de llibres i em sembla que no hi cabríem.» «Potser no –va dir el Ratolí–. Seguiré buscant.»

I va seguir voltant i es va sentir famolenc.
«Només la rosegaré una miqueta.» Després va veure un forat que era una mica més gran que el del Talp.
«Aquest sembla fet a mida», va dir.

Va mirar a dins.

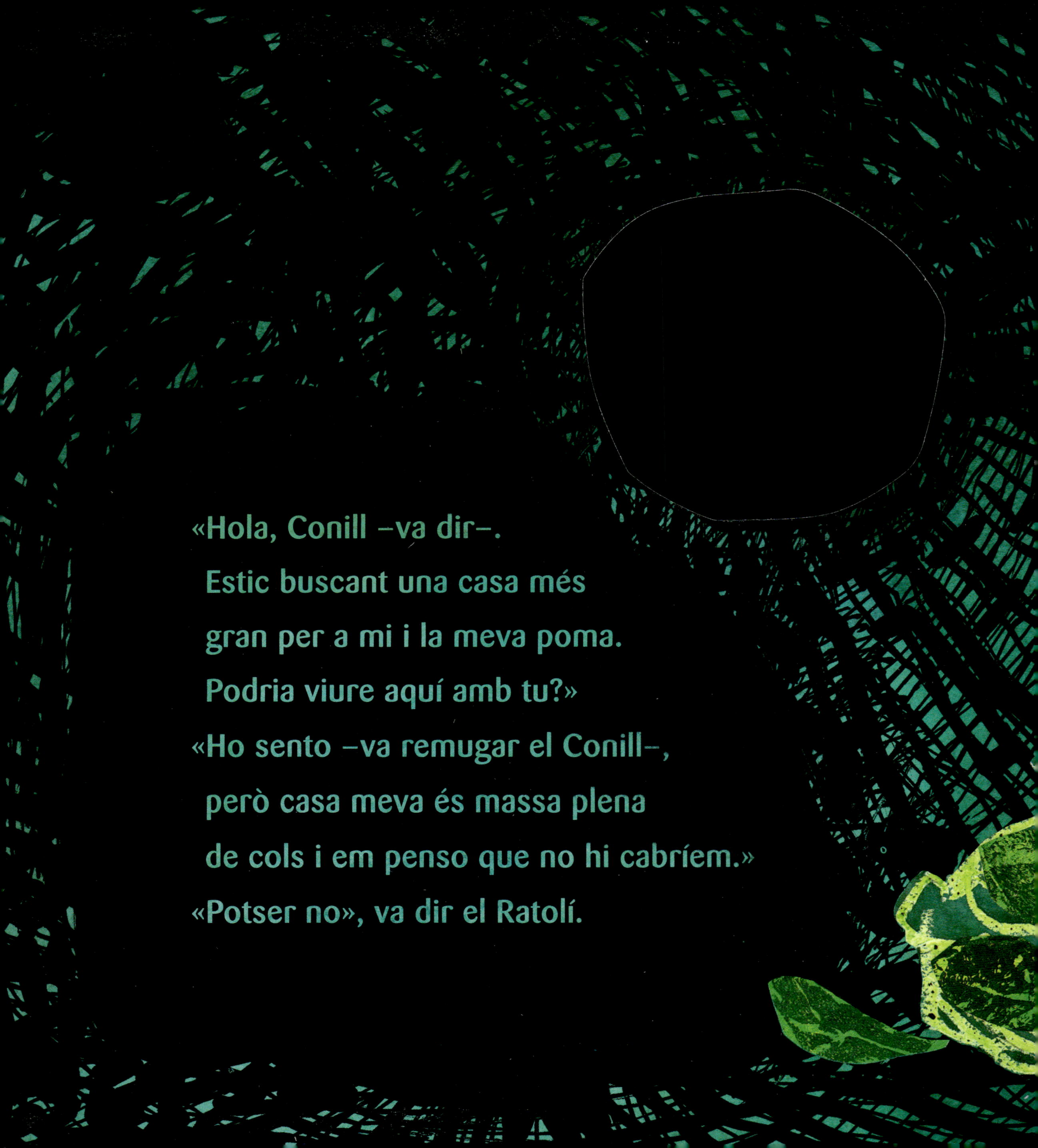

«Hola, Conill –va dir–.
Estic buscant una casa més
gran per a mi i la meva poma.
Podria viure aquí amb tu?»
«Ho sento –va remugar el Conill–,
però casa meva és massa plena
de cols i em penso que no hi cabríem.»
«Potser no», va dir el Ratolí.

Va seguir buscant, però tenia molta gana
i li va clavar una bona mossegada a la poma.
Després va veure un altre forat que era una miqueta més
gran que el del Conill. «Aquest segur que anirà bé», va dir.

Va mirar a dins.

«Hola, Teixó –va dir–.
Estic buscant una casa
més gran per a mi
i la meva poma.
Podria viure aquí amb tu?»
«Ho sento –va bufar el Teixó–.
Estic tot el dia estirat sobre
els meus coixins, esbufegant
molt, i em penso que no
hi cabríem.» «Potser no»,
va dir el Ratolí. I es va sentir
bastant cansat i encara tenia gana.

Aquell vespre va arribar a un forat enorme.
«Aquest forat és bastant gran per a mi i per
a la meva poma», va pensar.

«Hola! Que hi ha algú?»,
va cridar.

un ós enorme–. Per què no véns a viure aquí amb mi?»

«No, gràcies –va cridar el Ratolí–. Aquesta cova és massa petita per a tu, per a mi i per a la meva poma.»

I va marxar corrent.

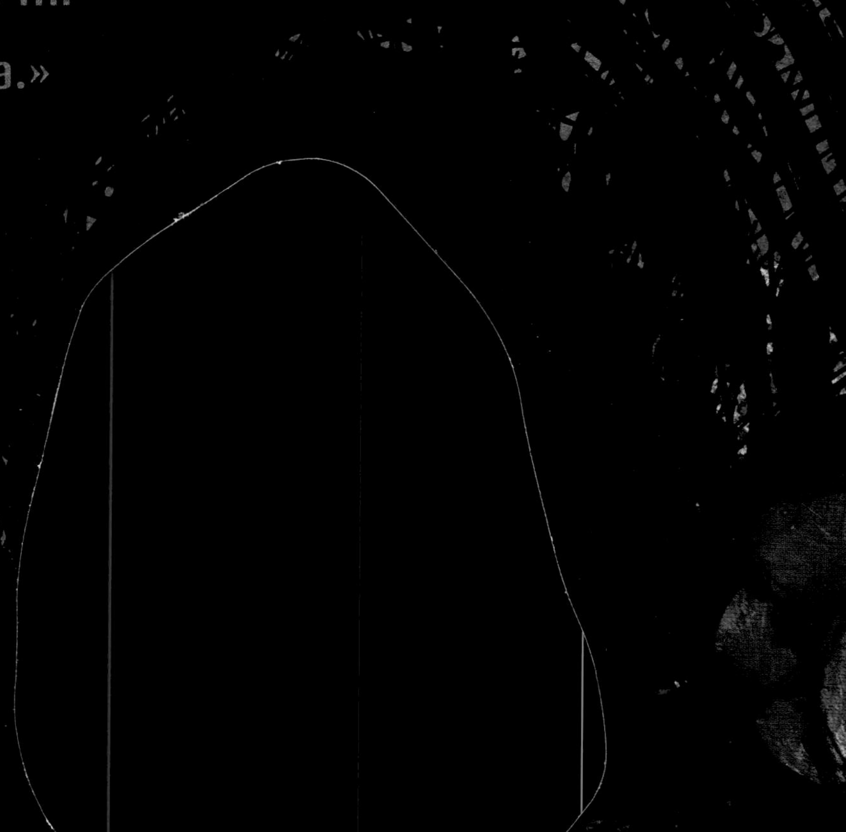

El Ratolí ja estava molt cansat,
però carregar la poma semblava més fàcil.
De cop va veure un foradet.
«Aquest sembla perfecte –va dir–.
No sé qui deu viure aquí...»

Va mirar a dins.

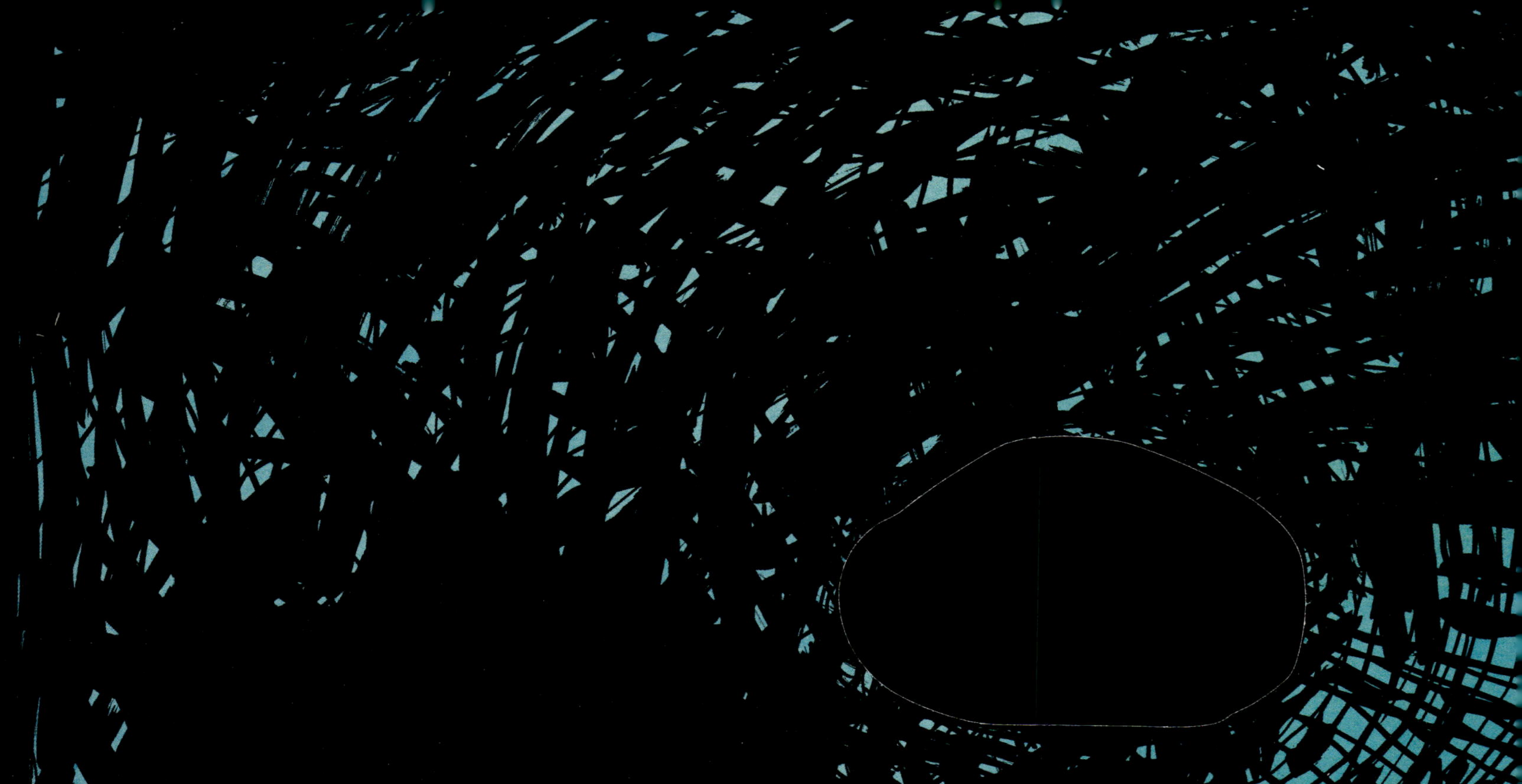

No hi havia ningú.
El Ratolí hi va entrar
i després va fer entrar la poma.

Era de la mida exacta.

«Sabia que trobaria un lloc
perfecte per a mi i la meva poma»,
va dir, i es va ficar dins del seu llit
i de seguida es va adormir.

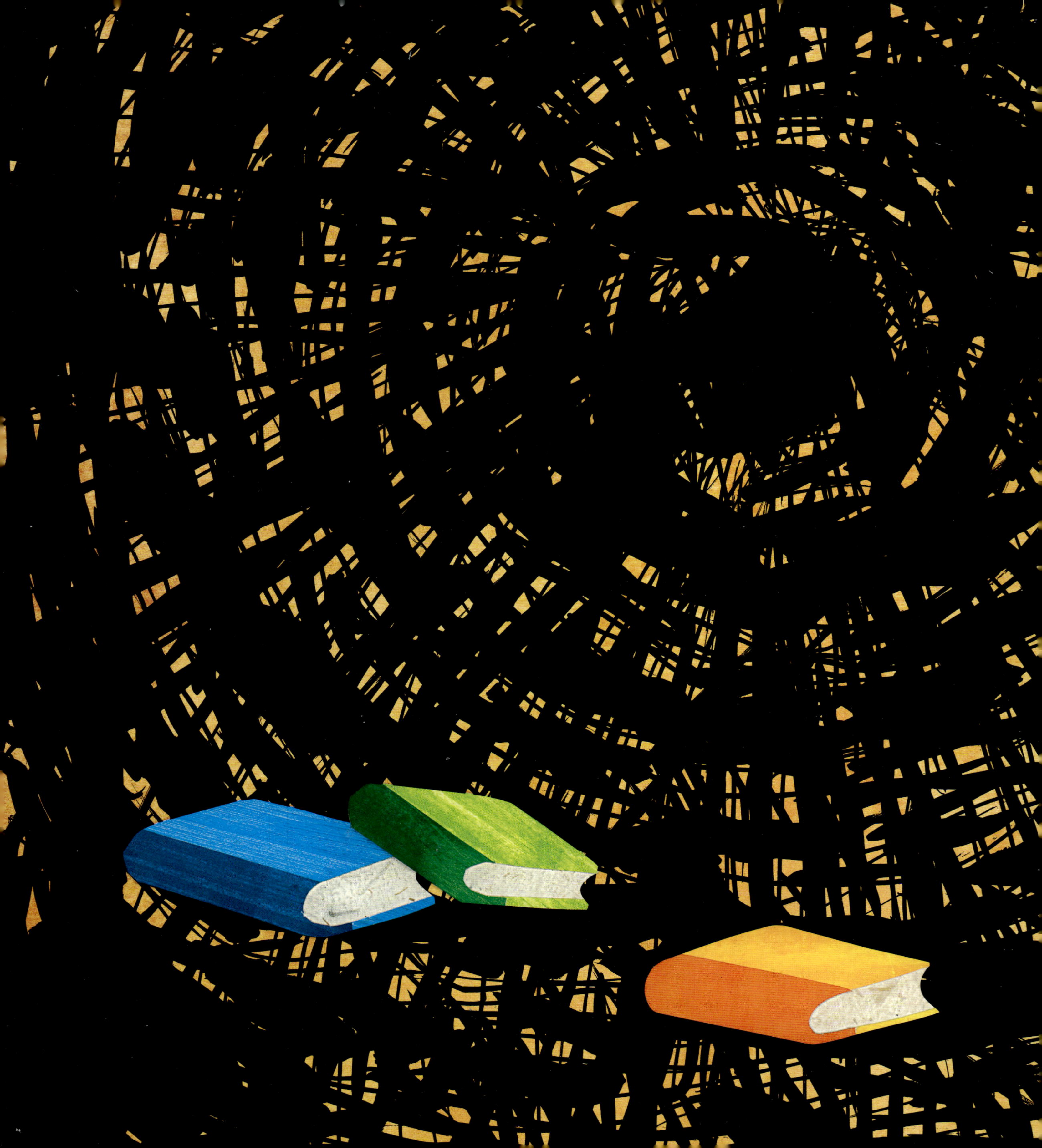